A

CHARLES X!

LE VOEU DE LA NATION.

IMPRIMERIE DE LACHEVARDIERE FILS;
successeur de GELOT, rue du Colombier, n° 30.

A
CHARLES X!
LE VŒU DE LA NATION.

PAR G. P. LE NOBLE.

Le ministre qui calomnie un peuple aux yeux
de son Roi mérite mille morts.
(MONTESQUIEU, *Esp. des Lois.*)

A PARIS,
CHEZ LHUILLIER, ÉDITEUR,
RUE DAUPHINE, N. 36.
1824.

A
CHARLES X!
LE VŒU DE LA NATION.

La nation proprement dite veut du travail et du pain. La nation éclairée demande des institutions et des lois. La partie de la nation qui méprise les deux autres exige des richesses, des honneurs et des décorations; ce qui met naturellement la dernière classe de la société aux gages de la première, puisqu'elle tire d'elle seule des agents toujours prêts à seconder ses injustices. Cette alliance devrait cependant rabaisser de beaucoup l'orgueil de ceux qui sont forcés de s'en servir pour maintenir leurs usurpations, étouffer le cri de douleur arraché des bouches pures, ou se soustraire à la satirique audace des plumes non vendues.

Le règne de CHARLES X commence..... Que de plaies à cicatriser! que d'ambitions à satisfaire! que d'institutions à consolider! Le digne prince que nous pleurons avait jeté les bases d'un monument immortel... Mais chacun des ouvriers chargés de conduire et de continuer l'édifice a-t-il rempli sa mission? N'avons-nous pas vu, à chaque session, des idées nouvelles s'entre-détruire de séance en séance?

Une majorité nombreuse, oubliant tout ce que lui promettait sa force d'inertie, n'a-t-elle pas accablé la nation du poids de son autorité? j'oserai même dire de sa haine, car il faut haïr la nation pour traiter les défenseurs de ses libertés comme devraient l'être les vils stipendiaires qu'engraisse le pouvoir. La vérité se reconnaît au calme; la raison aux actions sages; ce qui m'a toujours donné lieu de croire que les fougueux défenseurs de l'arbitraire ne pouvaient avoir ni l'une ni l'autre de leur côté.

Un instant, M. de Cases, marchant dans la ligne tracée par son souverain, nous avait donné l'espoir d'une liberté douce, si facile à maintenir sous des princes l'amour de leurs sujets. Mais non, il a fallu perdre le ministre qui flattait le juste orgueil de la nation!... Ses intentions ont été calomniées... Il a craint la cour..., et bientôt, se dépopularisant pour tenir tête à l'orage, il a perdu d'un seul coup l'estime publique et la confiance de son Roi. Des conspirations ourdies par la scélératesse, adoptées par la crédulité et l'ineptie, ont livré à une justice sanguinaire des misérables moins instruits qu'elle-même du motif de leurs actes. Les grands coupables ont survécu à leurs victimes; puissent-ils n'en pas renouveler la sanglante représentation!...

La nation veut la paix au dedans, le commerce au dehors; elle est même prête à ne pas s'effaroucher des priviléges auxquels certaine classe de la société tient plus qu'à la fortune. Mais chaque citoyen veut l'abolition de l'arbitraire ministériel, qui s'est glissé jusque dans la modeste cabane du maire de hameau ; mais il veut être affranchi du joug ecclésiastique, qui se fait sentir dans les campagnes avec plus de danger et moins de ménagements qu'aux pieds du trône dont il reçoit tout son éclat. Il respecte le ministre des saints autels, mais repousse l'influence temporelle qu'il veut s'arroger sur les familles. Le villageois désire donner à ses enfants l'état qui leur convient; il veut en être le chef, et se gendarme contre l'idée de voir son fils devenir un espion religieux ou un censeur impertinent.

C'est en vain que l'on accuse de légèreté cette nation aussi brave que généreuse : sa légèreté apparente cache une raison profonde ; car, pour ne pas paraître nulle, elle doit se montrer insouciante ; encore cette insouciance ne se révèle que dans les grandes cités, où l'immense variété des plaisirs vient au secours des regrets et des espérances trompées, et semble, en étourdissant l'homme, le rendre un instant moins malheureux. L'extrême besoin, d'une part, force le pauvre à résoudre par un travail assidu le problème sans cesse renaissant de son existence physique, tandis que le riche rassasié de jouissances s'endort au sein de son opulente oisiveté.

L'artiste, le rentier, le commerçant, l'agriculteur, voilà les hommes que les actes du gouvernement inquiètent; voilà ceux que l'on ne s'occupe pas assez à encourager ; voilà ceux qui, par leur industrie et leur travail, devraient cependant le plus mériter l'attention continuelle des dépositaires du pouvoir. Les ministres le promettent au prince, le prince les croit sur parole! tandis que le mal de la veille est encore accru par l'impéritie ou l'imprévoyance du lendemain.

Le jeu de la bourse est le thermomètre de la puissance du ministre; mais ne savons-nous pas ce qu'il en a coûté au trésor pour maintenir en tout temps cette balance politique? Ce jeu ouvert à l'avidité des capitalistes et des ministres spéculateurs, n'est utile qu'à eux seuls, et fatal aux commerçants ; il devient par lui-même l'écueil des fortunes publiques et le plus dangereux appât offert à la cupidité. Si le crédit était basé sur des chances solides, si l'honnête capitaliste pensait qu'il lui fût avantageux de placer sur l'état, verrait-on quatre mille maisons s'élever à la fois dans les murs de Paris, tandis qu'il s'y trouve soixante mille appartements à louer? Non certes!! C'est donc au ministre à nous expliquer pourquoi il inspire si peu de confiance au sein même de la paix ; c'est à lui de nous prouver que ses actes sont dirigés dans l'intérêt général et non dans le sien propre.

Toujours Français, CHARLES X règne! La nation attend avec anxiété si son choix sera conforme à son vœu, qu'aurait bientôt réalisé, sans doute, celui qui expira en bénissant son peuple. CHARLES X règne! et il n'y a plus de partis en France... Mais il est des intérêts divers auxquels les intéressés donnent souvent une couleur qui ne leur est pas propre ; c'est à quoi l'illustre Souverain doit prêter une attention soutenue, certain de trouver des sujets fidèles, dévoués, dans ceux-là mêmes que l'on désigne comme membres de l'opposition : opposition bien légitime d'ailleurs, car elle se trouve en harmonie avec les plus chers intérêts du Prince, que de prétendus orthodoxes s'efforcent continuellement à séparer de ceux de la nation, qui néanmoins tout entière, pour unique réponse, crie : « Vive le Roi ! vivent les Bourbons ! à bas leurs ennemis! »

Certes, on ne révoquera pas en doute le royalisme de M. de la Bourdonnaie, ni celui de M. le vicomte de Chateaubriand; cependant le premier s'est élevé dernièrement encore contre la marche anti-constitutionnelle du ministère... L'illustre pair, dans sa brochure contre la censure, n'a-t-il pas démontré jusqu'à quel point elle est contraire aux principes de la saine morale, de la justice et de la raison. Ces chaînes, inutilement imposées, auraient-elles été forgées dans le dessein de fournir au Prince, aujourd'hui notre Roi bien-aimé, la faculté d'accorder à la nation des faveurs illusoires au jour de son avénement? Cette charlatanerie, qui rappelle la fable des ombres et du gâteau de miel préparé pour Cerbère, pourrait être digne de ses auteurs et de leurs vues rétrécies, mais ne peut aller à la taille d'un roi comme le nôtre; et encore moins à son caractère loyal et toujours éminemment français. Qu'ils conservent donc pour eux cette noble inspiration. Le vœu de la nation va plus loin qu'ils ne pensent: ce n'est point contre des viles tyrannies du moment qu'elle se révolte, parceque leur règne lui garantit la courte durée de cette période de malheurs; un autre objet l'occupe: elle désire avec ardeur voir disparaître, sans retour, ceux qui la calomnient sans cesse aux oreilles de son

Roi, et qui, selon l'expression de Montesquieu, méritent mille morts!

Une vœu bien légitime est ce triomphe que la France espère vainement depuis longues années... la responsabilité des ministres, dont l'alliance peut être si funeste aux particuliers. Quoi! trois ministres auront plus de pouvoir que leur Roi? Sans autre examen que leur volonté, sans autre frein que leur caprice, il leur sera permis d'attenter à la liberté du citoyen paisible, dont le seul tort sera d'avoir censuré des actes souvent contraires, non seulement à la masse, mais encore à ceux-là mêmes qui manient en enfants les armes dangereuses confiées à leurs mains inhabiles ou inexpérimentées. Quoi! trois ministres se prêtant un mutuel secours pourront promener leurs vengeances sur tout ce qui les environne? Ils arracheront un père de famille à ses enfants, un littérateur à ses travaux, un commerçant à ses entreprises; priveront les uns de pain, arrêteront les spéculations de ceux-là, et paralyseront la plume véridique qui seule aurait pu jeter un faible jour sur leurs torts nombreux, et éclairer le le Prince, s'il a un seul ami véritable..... Supposons même que des trois ministres la majorité soit vertueuse? est-il certain que les deux sages seront d'acord sur un même point? et n'est-il pas plus simple de croire que le trosième tiendra la triple balance en équilibre jusqu'au moment où, penchant du côté qui lui convient le plus, il n'aura qu'à joindre son vote pour remporter une victoire honteuse.

Le pouvoir absolu du souverain serait mille fois

préférable à ce triumvirat usurpateur ; puisqu'il est sensible que de triples passions découleront trois volontés différentes, tandis qu'un chef unique, qui n'a rien au-dessus de lui, qui ne peut pas même être jugé ouvertement, n'ayant rien à craindre du résultat de ses actes, agit sans intérêt personnel, et trouve dans son propre cœur la récompense du sacrifice qu'il fait à la justice, si toutefois un ressentiment quelconque avait pu le porter à réprimer ou punir.

Mais abandonnons une idée bien éloignée de la volonté de notre auguste monarque ; rappelons-nous que ses aïeux ont toujours régné par l'amour, et que souvent ils n'ont pas voulu jouir de tout le pouvoir dont ils étaient revêtus. Souvenons-nous que presque tous ont mérité les surnoms de Grands, de Justes, de Pères du peuple et de Bien-aimés ; que d'illustres ministres les ont secondés dans leurs vues bienfaisantes, et que la France, enfin, n'est pas encore déshéritée de vastes génie et d'hommes éminemment vertueux.

Est-il donc si difficile de diriger la nation française ? cette nation chez laquelle l'enthousiasme est de tous les âges et de toutes les conditions ! cette nation qui, mêlant les larmes du deuil filial aux pleurs d'amour et d'espérance, paisible et attendrie, voit l'apothéose de Louis-le-Désiré précéder l'avénement de Charles-le-Preux. Oui, François premier, Henri IV vont renaître ; le sage Roi revit dans son auguste frère, et le précieux rejeton de la maison de France aura sous les yeux, et dans un seul homme, des modèles si difficiles à trouver séparés dans une autre dynastie. Plus heureux que son auguste prédécesseur, Charles X satisfera le besoin de tous les Français ; il pourra parcourir ses vastes états, et recueillir lui-même le tribut des sentiments de respect et d'admiration que la grande nation se plaît à prodiguer aux princes de sa famille. L'armée verra dans ses rangs le père de celui qui conduisit leurs phalanges à la victoire ; ce père adoré devenu celui de notre belle patrie, ce héros de Port-Mahon, qui lui garantit encore de nouveaux succès. O jours prospères ! France, que tes destinées sont belles.. : O France ! ô ma patrie ! l'œuvre de ta régénération va donc s'achever !

Monopoleurs de la pensée, des trésors, des libertés, des vertus publiques... ministres coupables, que direz-vous désormais contre une nation levant sur son souverain son œil enorgueilli ? *Vous avez acheté tout ce qui était à vendre, vous avez corrompu ce qu'il y avait de vénal ;* allez cacher votre honte et celle de vos complices, le Roi ne veut que des cœurs purs... Ceux d'une nation magnanime sont devenus son apanage, et, pour me servir d'une expression juste et touchante, elle lui dira, Sire ;

Nos cœurs, nos bras, tout est à vous !...

Que les bruits absurdes cessent de circuler ; que la honteuse nuée des mouches de toutes couleurs cesse de bourdonner, et bientôt on n'entendra plus que le doux murmure des louanges et des bénédictions. Mais pour conserver son emploi, exercer une haute influence, accumuler des richesses, il faut se rendre nécessaire. Pour cela on suit en grand les errements des Sartine, des Le Noir ; puis partageant en deux l'invisible armée que l'on entretient à grands frais, on lui assigne des cantonnements, des champs de bataille, un point de ralliement, afin d'attirer au combat des auxiliaires imprudents, dévoués d'avance aux châtiments, aux tortures et à l'esclavage.

La morale publique se révolte en vain contre un genre de police qui soudoie le fils libertin contre son père et sa famille ; qui protège le filou subalterne, l'escroc titré, contre la vindicte des lois ; qui, jusque sur le chevet où l'imprudent amour repose, va tendre des filets à l'esclave enchaîné ; à cette police qui, s'appuyant sur le trafic le plus infâme, se fait un immense revenu de la démoralisation, et se vautre dans la fange depuis le tapis vert du joueur jusqu'au grabat de la raccrocheuse. Et c'est cette police si scrupuleuse qui défend des spectacles innocents, sous prétexte qu'ils corrompent la jeunesse, et qui pourtant laisse un champ libre à ces jeunes imprudents, lorsqu'il s'agit de livrer leur argent et leur santé à ses fermières infernales. Nul n'est dupe de cette escobarderie politique ; cependant ses auteurs marchent tête levée, entassent les honneurs de toute espèce, accumulent des fortunes collossales, et font insérer dans les journaux qu'ils vont aux pieds des autels porter leurs fronts humiliés ou réciter des prières. En vérité ces ridicules grimaces font pitié, car on ne peut croire que Dieu exauce les provocateurs gagés d'un si grand nombre de turpitudes.

Il semblerait que le vice seul soit inamovible, car dans toutes les carrières ouvertes aux hommes, il n'y a que celles où l'honneur a tout à perdre, que la cupidité a tout à gagner. Voyez ces courtiers de jeux, ces agents de police, ces fauteurs d'intrigues, ils survivent aux gouvernements les plus hétérogènes, où comme les laves mal éteintes qui fument au sommet des volcans, ils sont encore long-temps échauffés par les crimes qu'ils ont laissé commettre, ou le sang qu'ils ont fait répandre ; tandis que l'honnête magistrat, après quarante années d'intégrité, constante victime de toutes les réactions; le militaire impassible, qui, en rongeant son frein, aura souffert la faim, le martyre; l'humiliation, et l'injustice plus cruelle encore, se retireront chargés d'infirmités, à peine sustantés par la modique pension qu'une déplorable parcimonie leur accorde (1). Le citoyen les voit rentrer dans leurs foyers; il les estime, il les plaint: mais, hélas! la pitié est la plus triste des consolations.

Accordez donc aux interprètes des lois les émoluments que leur position exige, au lieu de stipendier des faussaires, des délateurs et des espions! donnez à notre armée une solde qui lui évite la honte de la mendicité, au lieu de combler de biens ces officiers d'antichambre, nuisibles dans la paix, inutiles au combat, et qui n'ont de français que l'uniforme et les décorations. La France ne veut entretenir que ce qui est utile et ne récompenser que celui qui la sert.

Quand j'ose affirmer que la France ne veut ré-

(1) Un ministre, après huit jours de portefeuille, se retire avec vingt mille livres de rente; si un officier n'a pas trente ans de service effectifs, en se retirant pour infirmités il n'a point de retraite.

compenser uniquement que ceux qui la servent, il est bien entendu que je veux dire ceux qui servent réellement le Roi, admettant en thèse générale et indéfinie, que rien de ce qui est étranger au Roi ne peut toucher la nation, de même que tout ce qui embrasse le système national forme partie intégrante des intérêts de sa majesté.

Uni d'intention et d'esprit avec son monarque, quel peuple peut être plus puissant que nous? qui osera violer notre territoire lorsque, d'un coup de son sceptre, CHARLES X voudra faire jaillir du sol des héros pour sa défense? Lorsque son aigrette flottera dans nos camps, quelle ligue téméraire osera venir se mesurer avec nous? Un Roi législateur traça nos institutions; un Roi soldat, s'il le faut, les scellera de son sang généreux. Oui, nous deviendrons invincibles du moment où l'oriflame sera déployée. Peuples de la terre, respectez-nous! ou redoutez que vos dernières offenses ne vous contraignent à nous admirer et à nous craindre de nouveau. Vos entreprises seront vaines! nos ministres gagnés seront sans force! le Roi retrouvera toute la France dans son armée, l'amour de tous lui servira de bouclier, et des mains prodigues d'or lui donneront le moyen d'élever le drapeau sans tache au-dessus de tous ceux que nous avons déjà su vaincre et humilier.

La Providence a touché de son doigt l'héritier du trône de saint Louis! La religion de ses pères donnera à son courage ce calme dans le danger, cette force dans l'adversité, que les Rois peuvent recevoir de Dieu seul. Juste par principes, il le sera aussi par devoir, le Roi des Rois n'ayant mis le glaive dans sa main que pour frapper avec nécessité. Il suivra les préceptes de l'Évangile, et trouvera dans les saints prélats qui l'entourent des hommes dévoués à la cause de la vérité, qui est une pour tous les temps et pour tous les peuples. Voilà l'espérance de la nation.

Ah! si la chaire n'avait jamais retenti que des maximes sublimes de notre religion, si l'on n'avait pas mis l'homme en balance avec l'Être Suprême, de combien de malheurs n'eussions-nous pas été témoins? Mais alors la crainte fermait l'accès à l'espérance... Tout était dans un seul, le sort l'en a puni!!... Jetons un voile sur cette époque glorieuse et déplorable; bénissons le ciel d'un bonheur inopiné; faisons des vœux pour que ceux qui sont chargés de distribuer la justice, les grâces et les châtiments soient sagement avares de leur autorité; plaignons surtout l'égarement qu'ils ont montré dans tant de circonstances; et si leurs successeurs persévèrent dans leurs iniquités, que notre langue sèche plutôt dans notre bouche que de cesser de nous plaindre des abus du pouvoir.

Que chaque ministère ne soit plus désormais une citadelle que l'or et les protections puissantes aient seuls le droit d'escalader. Que ceux-là seuls qui ont de justes réclamations à faire valoir ou des grâces légitimes à obtenir puissent se présenter sans essuyer les rebuffades d'une longue série de valets insolents. Que l'honnête homme à pied soit introduit comme le solliciteur brodé, dont quatre chevaux ont charrié la fastidieuse inutilité. Que les commis d'administrations pensent, s'il leur est possible de le faire, que leur travail est payé par toutes les classes de la société; que conséquemment ils se doivent à ceux qui les salarient; alors l'impertinence ne sera plus de saison, tout rentrera dans l'ordre, et l'on ne fera plus de distinction humiliante à leur égard. D'ailleurs, d'où tirent-ils ces airs d'importance? de leurs chefs, qui, d'échelons en échelons, augmentent de morgue jusqu'à celui qui n'a que sa hauteur pédantesque, son arrogance magistrale pour cacher sa constante nullité. Les Sully, les Lamoignon, les Malesherbes, étaient des ministres aussi; mais ils étaient affables, obligeants, modérés,.... par la raison toute simple, qu'uniquement occupés du bien public ils plaçaient toute leur gloire à faire bénir le souverain. Il est vrai qu'ils n'entassaient pas des millions, que leur hôtel ne tenait pas une rue entière, qu'ils éloignaient les lâches flagorneurs; mais, il faut en convenir, on ne les craignait pas, ils avaient des amis! et l'estime de la nation entière leur paraissait la récompense la plus honorable de leurs vertueux travaux.

L'influence du beau sexe, déjà si dangereuse dans la société privée, sous ces rares serviteurs, n'arrachait point au mérite les places que postulait le mendiant titré ou l'intrigant parvenu. La femme, respectée par eux, n'assiégeait pas deux fois leur grave cabinet. Les affaires ne se traitaient pas dans un boudoir..... Et lorsqu'ils apercevaient que le poison séduisant gagnait le cœur du prince, par des remontrances nobles et sincères ils cherchaient à détruire les impressions dangereuses qu'une beauté funeste glissait furtivement dans son sein. Aussi, pour payer leur zèle, un HENRI IV disait à sa chère d'Estrée : « Madame, sachez que j'aimerais mieux perdre » dix maîtresses comme vous qu'un serviteur tel que » lui ! » (Sully.)

Aujourd'hui peut-être, en pareille circonstance, gagnerait-il doublement en retournant la phrase.

Heureusement la Cour actuelle a sous ses yeux des modèles de vertus bien rares et bien épurées. Pouvoir les égaler est impossible ; mais il est des degrés d'imitation qui, quoique éloignés de la perfection, ne sont point sans éclat. O femmes de mon siècle ; reconquérez l'empire que nos cœurs son prêts à vous accorder ! la religion vous tend les bras, repoussez la vanité, et vous serez dignes de nos hommages, dignes enfin d'aborder ces princesses pieuses dont tous les instants sont consacrés au soulagement des malheureux ou aux devoirs sacrés de leur état.

Les femmes hommes sont de ces phénomènes que la nature ne s'amuse que rarement à créer, et rarement aussi le bonheur des humains en est la suite. Des Essex, des Potenkin, des.... alors abusant des droits accordés à leur mérite, étendent leur pouvoir avec d'autant plus d'arrogance, qu'ordinairement le cœur a scellé le don de l'autorité. Tandis que sous un roi, fût-il même sans caractère, si les ministres ont du courage, s'ils sont dévoués à leur prince et à la nation, malgré sa faiblesse, il sera forcé de régner en homme. Grâce au ciel, ces deux positions nous sont également étrangères; c'est notre Roi qui dirigera seul les interprètes de ses volontés, lui seul s'assurera de l'exécution de ses ordres, verra tout par lui-même, enfin sera l'âme de la France, comme il en est l'espoir et l'amour.

Sous son règne, on n'entendra plus parler de ces dilapidations financières qui ruinent les états dans l'intérêt de quelques particuliers. Des étrangers ne viendront plus enlever le fruit de nos moissons pour enrichir leur avare patrie. Des armées d'intendants superflus, d'employés inutiles, ne chargeront plus de leurs noms flétris les colonnes parlantes du trésor obéré. On reconnaîtra enfin que ces messieurs, si sévères sur les allocations minutieuses du service militaire, ont taillé en plein drap lorsqu'il s'est agi de fixer leurs émoluments, leurs indemnités, leurs frais de poste et de bureau; et l'on demandera peut-être compte, au grand dispensateur, des motifs qui l'ont engagé à fermer les yeux sur la plus indécente des répartitions numéraires. Cette administration des droits réunis, qui compte plus d'employés que nous n'avons de soldats, sera peut-être réduite; je n'ose dire supprimée, car un aussi grand bienfait ne peut arriver tout d'un coup. Cependant les débitants, les propriétaires s'abonneraient à rembourser sans frais le montant de leur quote-part annuelle, si l'on voulait les affranchir de l'inquisition domiciliaire à laquelle les astreint l'intérêt de la régie.

Quelle immense économie pour le gouvernement, en supposant même que les particuliers y gagnassent, puisqu'il est certain qu'au moins un quart des recettes passe à la solde des employés de cette administration dévoratrice. Au reste, attendons tout du temps....; celui qui crut une fois pouvoir le promettre, réalisera sans doute sa noble idée, quand les jours prospères de son règne lui permettront de nous soulager.

Mais les oligarques à portefeuilles donnent la main aux chefs des administrations; aussi sommes-nous bien assurés qu'en serviables confrères, ils ne parleront pas de toucher à l'arche sacrée qu'un pacte probable sanctionne tacitement. Néanmoins, mille et une causes auraient pu contribuer à renverser ce genre de contributions imposées lorsque le plus affreux despotisme pesait sur notre belle France.

Par un inconcevable aveuglement, chaque ministre blâme les opérations du despote, et cherche par tous les moyens possibles à maintenir ses institutions funestes, lorsqu'elles peuvent en quelque chose tourner à leur profit. Nous avons vu même des présidents de cours royales fouiller dans les cartons du comité des suspects, pour y déterrer des lois sanguinaires, capables d'incriminer davantage ceux qui auraient pu échapper à leur vengeance, s'ils n'avaient que suivi les articles de la charte.

Il est vrai qu'on n'improvise pas le gouvernement d'un grand empire comme la brochure du jour, ou un discours à la chambre; je sais qu'il faut puiser dans les matériaux que la succession des temps livre à notre expérience : mais pourquoi choisir justement ce qui s'y trouve de plus contraire à la justice distributive et à la morale publique? Pourquoi exhumer des lois dont on ne voudrait pas épouser la responsabilité? Voilà les questions que s'adresse l'homme sensé... Et il en conclut qu'un besoin matériel de vengeance a pu seul diriger dans un choix de ce genre; il peut même, sans charger sa conscience, donner le titre de bourreaux à ceux qui ont fait parler ces exécrables lois. Déjà ces ennemis de toutes les libertés ont obtenu de leurs contemporains le mépris que leur réserve la postérité. Le sang qu'ils ont fait répandre sans motif semble colorer la toge qui les couvre; et, du fond de leurs tombeaux, les victimes de leurs fureurs raisonnées agitent leurs ossements comme pour les avertir que la terre dont ils ont souillé la surface va s'ouvrir avec horreur pour les réunir à elles.

Sous les auspices de Charles X, modèle de grâce et d'urbanité, une nouvelle session va s'ouvrir; espérons que la dignité du second corps de l'état sera respectée par tous ses membres, espérons que nous ne verrons plus le scandale s'asseoir sur les banquettes des députés de la grande nation. Les hommes les plus sages peuvent différer d'opinion, mais il est de leur devoir de respecter dans l'opposition, de quelque couleur qu'elle soit, les bonnes intentions possibles, et le libre arbitre indispensable au succès de leur mission.

Laissons à l'Anglais son fougueux patriotisme, comme son insolente liberté, et en adoptant les lois utiles qui surnagent dans son code mi-barbare, marchons d'un pas égal et ferme vers un but en harmonie avec nos besoins et notre caractère. Si le spleen a des charmes pour les insulaires d'Albion, pourquoi leur envier ce triste plaisir ? pourquoi forcer la nation la plus spirituelle de la terre à froncer le sourcil comme les flegmatiques habitants des bords de la Tamise. Laissons-les mener leurs femmes au marché, admirer la mâchoire disloquée d'un gladiateur, ou repaître leur yeux du sang d'animaux qui s'entre-déchirent, et reprenons cette gaieté nationale, qui même au sein desplus affreux revers nous plaça toujours au-dessus de la fortune. Notre Roi ne veut point d'esclaves, son caractère aimable doit être le type du nôtre, car il est, dans toutes les acceptions possibles du mot, le plus Français des Français !

Ma plume a laissé couler ces vérités que l'indignation lui a arrachées : peut-être me seraient-elles funestes sous un prince moins éclairé ; pourtant ce que j'ai avancé, vingt millions de Français sont prêts à le dire, et à répéter, ainsi que moi, avec allégresse et confiance,

VIVE LE ROI ! VIVE CHARLES X !

www.ingramcontent.com/pod-product-compliance
Lightning Source LLC
LaVergne TN
LVHW020500230826
846091LV00008BA/3297

* 9 7 8 2 0 1 3 5 9 5 0 1 8 *